新装版

眠る前に1分間ください。
明日、かならず
「素敵な出会い」が待っています。

植西 聰

WAVE 出版

はじめに　――新装版によせて

私たちは、一生のうちにたくさんの人や出来事に出会います。

その出会いのひとつひとつが、実は自分の人生を変えるチャンスにつながっているということを、どれだけの人が意識して毎日を過ごしているでしょうか。


では、「素敵な出会い」とはなんでしょう。

ある人と出会うことで、仕事上のチャンスに恵まれる。

ある出来事によって、これまでの人生観がひっくり返る。

ある本を手に取ったことで、物事の捉え方がガラリと変わる。

好きな人との出会いによって、気持ちが明るく前向きになる。

師と思えるメンターとの出会いをきっかけに、進むべき道に迷いがなくなる。

心から信頼できるカウンセラーに出会って、精神的に安定した状態が続く。

このように、今の自分を変えるきっかけになることすべてが、「素敵な出会い」なのです。

誰であっても、日常生活の中にはたくさんの出会いがあるはずです。でも、その重要な出会いに気づかなかったり、気づいたとしてもそれを人生に生かせなかったりすることのほうが多いでしょう。

そこで私は、どうしたら私たちに素敵な出会いが舞い込み、どうしたらその出会いを、自分を成長させるため、人生を好転させるために生かすことができるのかについて研究してきました。

その成果のひとつとして、私の持論である「成心学」があります。これは、「心を成育させ、プラスの状態にする」ということ。心がプラスになると、良いことがどんどん引き寄せられ、そのことに気づきやすい精神状態をつくることができます。

そのためにもっとも適したタイミングが、実は夜、眠りにつく前なのです。眠る前に、良いことを心にインプットすると、眠っている間に潜在意識がプラスの想念で満たされるようになります。

はじめに

本書には、心の状態をプラスにするために必要なことが書かれています。

すべての項目を、一分程度で読み終えることができる短さにしてありますが、疲れてしまった日はイラストをパラパラと眺めるだけでも構いません。

また、心の向くまま好きなページから読むのでもいいでしょう。

本書を開いて良い文章に触れてから眠りにつくことを毎日の習慣にすると、朝は心がプラスの状態で目覚めることができます。

そうすると、その日は一日中、明るく元気に過ごすことができ、気づけば「素敵な出会い」が次から次へとやってきているはずです。

小さな変化が人生を大きく変えるきっかけになることを、ひとりでも多くの人が実感してくれたらと願っています。

植西　聰

contents

Chapter 2

眠る前の1分間で、人間関係を変える

Chapter 3

眠る前の１分間で、個性を大切にする

Chapter 4

眠る前の１分間で、自分の魅力を高める

Chapter 6

眠る前の１分間で、幸運に出会う

Chapter 7

眠る前の1分間で、存在感を発揮する

Chapter 1

眠る前の１分間で、良い恋愛に巡り合う

遠慮せず、
気持ちを素直に
受け取ってみよう

恋愛で素敵な相手に出会い、仲良くなるためには、自分の気持ちに素直になることが大切です。

しかし、恋愛をしていると、不思議な心理が働くことがあります。

相手からの親切な申し出を素直に受け取れないのです。

たとえば、自分が仕事で忙しいとき、せっかく手伝いを申し出てくれた相手に対して、本当は手伝ってもらいたい気持ちでいっぱいなのに、

「大丈夫です。一人でできますから」

と、つい遠慮してしまった経験があると思います。

相手に素直になれないでいると、せっかくのチャンスを逃してしまう可能性があります。

遠慮せずに素直になったほうが、相手に与える印象も良くなります。

それに、仕事を手伝ってもらったりすることで、相手との関係がグンと親密なものにもなっていきます。

何回失敗しても、
「今度こそ幸せになれる」
と信じよう

恋愛で失敗する人には一つ、大きな特徴があります。

それは、恋愛を始める前から「今回の恋愛もうまくいかず、私は不幸になる」といったネガティブな考えが、いつも頭にあるということです。

そのような人は、新しく恋愛を始めても、いつも不安が付きまとって、心から恋愛を楽しめません。

相手の前で、いつもビクビクした態度を取ってしまいがちです。

結局、そうした態度が二人の関係をギクシャクさせて、新しい恋愛も失敗に終わってしまうのです。

大切なことは、失敗を作りだしているのは、自分自身のネガティブな考えだと気づくことです。

「今度こそは、私を裏切らない人に出会える」

そうやって自分を励ませるようになって初めて、本当に素敵な出会いに巡り合えるのです。

あやふやな言葉では信頼されない

男女限らず、「付き合いたい」「結婚したい」という願いを叶えたいのであれば、相手に自分を信頼してもらえるような強い言葉を使う必要があります。

「何があっても、私はあなたの味方です」

「最後まで、私はあなたを信じています」

このような言葉を添えて、「付き合ってください」「結婚してほしい」という気持ちを伝えれば、相手はこちらを十分に信頼してくれます。

「何があっても」「最後まで」という言葉が、相手に「この人の愛情は本物だ」「本当に私のことを大切に考えている」という信頼感を与えるのです。

自分自身が、「『何があっても』『最後まで』なんていってしまって、本当に大丈夫かな?」などとあやふやな気持ちを持っているようでは、うまくいかないかもしれません。

心を込めて真剣に伝えることで、運命の相手とうまくいくのです。

「あなただから」で、相手の心をつかむ

「最近、悩んじゃって……。ちょっと話を聞いてもらえませんか」

「仕事で行き詰まっているんです。相談に乗っていただけませんか」

このように相談事を持ちかけたことがきっかけとなって、相手と親密な関係になり、やがて付き合い始めることがあります。


もちろん、単純に「相談に乗ってもらえませんか」というのも良いのですが、より効果的に、好きな相手の心をつかむ方法があります。

「あなただから、こんな相談をできるんです」

このように「あなただから」という言葉を入れるのです。


すると相手は、「それだけ私は、この人から特別視されているのだろう」と受け取ります。

「好きです」といわなくても、好意を持っているという気持ちが相手に伝わっていくのです。

「あなただから」という言葉が、良いことを呼び込むのです。

「どうして」「なぜ」と相手を責めない

男性と女性とでは、ものの考え方や感じ方が全然違います。

そんな価値観が違う者同士が理解し合い、愛し合うということは、実はとても難しいことなのです。


恋愛や結婚に失敗してしまいがちな人がよく口にする言葉が、

「どうして私の気持ちを理解してくれないの」

というものです。

しかし、「どうして」「なぜ」と相手を責めていたら、二人の関係はすぐに破綻してしまいます。


恋愛や結婚で幸せを手にできる人は、自分の気持ちをわかってくれない相手を一方的に責めません。

「あなたの気持ちを理解したいんです。本当の気持ちを聞かせてください」

このような言葉で相手に語りかけられる人のもとに、幸せはやってくるのです。

相手の良いところを、いつまでも忘れない

人は、相手の良いところに惹《ひ》きつけられて、その人のことを好きになっていきます。

しかし、長年付き合っていくに連れて、残念なことに相手の良いところがあまり見えなくなってきます。

その代わりに、相手の悪いところばかりが目につくようになります。

しかし、いつまでも幸せな関係を続けていくためには、出会った頃のことを忘れないことです。

そして、「私は、あなたのこういうところが好き」という言葉を相手に伝え続けましょう。

そうして何年経っても相手を称賛し、「好き」という感情を相手に伝えていくことを忘れないでいれば、ずっと仲良くしていけます。

「好き」という言葉を多く使い、「嫌い」という言葉を使わない人のところに、素敵な未来がおとずれるのです。

過去の恋愛ではなく、未来の恋愛を考えよう

「私を捨て去ったあの人のことが許せない」

いつまでもこのように考えてしまう人がいます。

しかし、「許せない」という言葉は、決して幸福に導いてくれません。

むしろ、一層自分がみじめに思えてくるだけです。

つらく悲しい経験は、早く忘れることです。

過去の恋人に心をとらわれているよりも、これから出会う素敵な「未知の恋人」を思うほうが、ずっと良いことなのです。

未知の恋人を想像して、「きっととても相性が良くて話も盛り上がる、素敵な人だろうなあ」といった前向きな言葉で、楽しい未来に思いを巡らしてみましょう。

そのような明るく希望に満ちた言葉をいい続ければ、きっと本当に「素敵な恋人」に巡り会うことができます。

Chapter 2
眠る前の１分間で、人間関係を変える

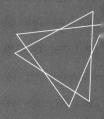

頼まれ事は喜んで引き受けよう

素敵な出会いは、人からもたらされることが少なくありません。

その意味では、人からの頼まれ事は、基本的には受けてみるのが良いでしょう。

そこから新しい仕事や人間関係が始まり、良いことが起こるかもしれません。

自分自身では気づかなかった、新たな能力を開発するきっかけになることもあります。


どうしても嫌なことや、引き受けられない事情がない限り、頼まれ事は引き受けておくほうが賢明です。

引き受けられるにもかかわらず、「面倒だ」「忙しい」と断ってしまうのは、非常にもったいないことです。

せっかくのチャンスを、自分から捨て去ってしまうことにもなりかねません。


また、引き受ける際は、「喜んで引き受けます」という言葉が、相手に良い印象を与えます。

いつか自分が困ったとき、きっとその相手に助けてもらえるでしょう。

期待を伝えることは相手と自分のため

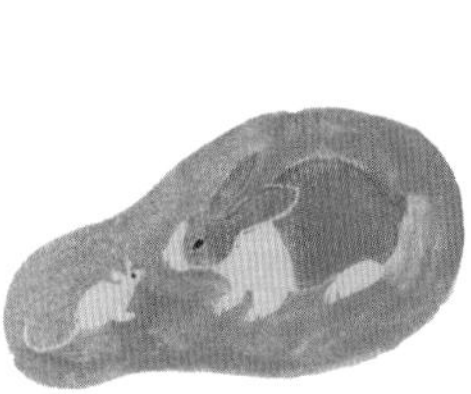

人には、「私に期待してくれるあの人のために、がんばって応えていきたい」という意識があります。

ですので、自分が身近にいる人たちに頼み事をするとき、「期待を込めた言葉」で語りかけるように心がけることが大切なのです。

もしも反対に、「あなたにはまったく期待していません」といった言葉をかけてしまったら、その相手は意欲を強めるどころか、やる気を失ってしまうことになるでしょう。

期待を込めた言葉で語りかけてこそ、相手はやる気を出してくれるのです。

そして、相手が期待通りの働きをしてくれて、大きな成果を出してくれれば、それはこちらの幸福にもつながります。

相手に期待し、言葉で伝えることで、相手にとってもこちらにとっても良い結果がもたらされるのです。

コンプレックスではなく、がんばっている点を認めよう

人間関係をうまくやっていくコツの一つに、「相手がコンプレックスを感じていることを指摘しない」ということがあげられます。

たとえば、不器用であることにコンプレックスを抱いている人に対して、

「あなたって、何をやらせても本当に不器用ですね」

といったら、その人はひどく落ち込んでしまうでしょう。

そればかりではなく、こちらに恨みを持ち、人間関係がギクシャクしていくことにもなります。

不器用な人も、自分がコンプレックスにしている点を克服しようと、一生懸命に努力していると思います。

大切なことは、その相手の「がんばっている点」を認めて、ほめてあげることです。

コンプレックスを克服するために、より一層努力をするでしょう。

また、その人との人間関係も良くなり、強い協力関係、信頼関係が生まれます。

初対面で、会えた喜びを相手に伝えよう

「初対面での印象を良くする」

これは、人間関係を広げるポイントの一つです。

第一印象というものは、相手に強い影響力を与えます。

第一印象が良いと、それがその後もずっと続きます。

ちょっとした失敗をしても、相手は良い印象を持ち続けたまま、温かい目で自分を見てくれるのです。

では、第一印象を良くするためには、どうすれば良いのでしょうか？

そのポイントの一つは、挨拶にあります。

型通りの挨拶では、相手に良い印象を与えることはなかなかできません。

大切なのは、相手と会えた喜びを表現するということです。

「やっとお目にかかれました」「以前からあなたとお会いしたいと思っていたんです」「お会いできて、これほど嬉しいことはありません」

こういった言葉に、明るい笑顔と、親しみのこもった声を添えて相手に伝えれば、第一印象はグンとアップします。

意見が食い違っても、正面から相手を否定しない

自分の意見と相手の意見が食い違うことがあります。

そんなとき、相手に反論する必要がある場合、正面から相手の意見を否定することをいってはいけません。

そうすると、間違いなく失敗するでしょう。

無益な言い争いになって終わるだけです。


そうではなく、相手の意見を尊重する言葉を述べてから、

「ところで、私はこう思います」

と、自分の考えを述べましょう。


最初に自分の意見をいうのではなく、まず相手の意見を認めるのです。

こうすることで、相手はこちらの意見に「聞く耳」を持ってくれるので、その後は良い話し合いができ、お互いに納得する結論を導き出すこともできます。

言い争いをしていたら、いつまでたっても良いことは起こらないのです。

優れている点を持つ人を味方にしよう

自分よりも豊富な知識を持つ人、自分よりもユニークなアイディアを持つ人、自分よりも多くの経験をしている人、自分が持っていない特別な技能を持っている人……そんな「自分よりも優れている点を持つ人」と人間関係を結んでいる人には、いつも素敵な出会いが待っています。

つまり、自分よりも優れた点を持つ人と強い関係を築くことが上手になると、素敵な出会いに恵まれるのです。

関係を上手に築ける人は、謙虚な気持ちで周囲と接しています。

「教えてください」という姿勢でいることが、自分よりも優れた点を持つ人を自分の味方として引き込んでいくコツです。

これからどんなに高い地位に就いても、どんなにたくさんの財産を手にしても、おごり高ぶってはいけません。

どんな人に対しても「教えてください」と謙虚に接することが大切です。

常識知らずの相手を責めない

「社会人であれば、これくらいのことは知っていて当然だ」と思っていたことを、相手が知らない場合があります。

それに対して、

「そんなことも知らないんですか。常識がない人なんですね」

といった言葉を返してはいけません。

それが原因で、せっかくの素敵な出会いのチャンスを失うことにもなりかねません。

それが社会人として常識的なことであり、たとえ自分自身はそのことについてよく知っていたとしても、「私もよくは知らないんですが」と相手に合わせることがポイントです。

その上で、そのことについて相手に説明してあげると、相手を不愉快にさせることはありません。

むしろ、なかなか知識が豊富な人間だと、相手に良い印象を与えられます。

ユーモアを上手に取り入れる

会話の中に、お互いにリラックスして、気持ち良く笑えるような「ユーモア」を取り入れていくことで、人間関係がスムーズになります。

ユーモアは、いわば人間関係の潤滑油なのです。

事務的な会話をしているだけでは、用件は伝わっても、お互いの気持ちは通じ合いません。

心の交流のためにも、ユーモアが大切なのです。

相手と顔を見合わせて気持ち良く笑えるような話をすることで、相手との心の交流が生まれるのです。

ユーモアのセンスがある人は、「仲良くやっていけそうだ」「何でも本音で話し合える」といった良い印象を与えることができます。

他人の噂話や、人をバカにするような話は良くありませんが、そうでなければ、ユーモアのセンスがある人は、周りの人から信頼されるのです。

Chapter 3

眠る前の１分間で、個性を大切にする

周りに合わせるより、
自分の個性を大切に

自分の個性を大切にする人は、いろんなことがうまくいきます。

周りの人たちと違った意見を出したり、異なった行動を取ることを恐れる人がいます。

他人から批判されたり悪口をいわれることが怖いのです。

そんな人は、いつもいつも自分の思いを押し殺して、周りの人たちに合わせていこうと一生懸命になっています。

もちろん、人と協調していくことは大切です。

しかし、そのためにいいたいことをいわず、やりたいことをがまんするのは、決して良いことではありません。

現代は、個性が尊重される時代です。いつもみんなと同じことをやっていても、なかなか成功をつかみ取ることができません。

自分は自分、人は人。自分は自分の信じる道を進んでいくだけと考えて、行動してみましょう。

自分で自分に余計なプレッシャーをかけない

「〇〇しなければならない」というのは、強い意志を表す言葉です。
しかし同時に、自分自身に強いプレッシャーを与える言葉でもあります。
そして、その強いプレッシャーから、みずから潰れてしまう人が多いのも事実です。

ですから、次のような言い方にしましょう。
「〇〇できたら、これほどうれしいことはない」

このほうが楽天的な気持ちで、余計なプレッシャーに押し潰されることなく、楽な気持ちで努力を続けていくことができます。

成功というものは、一日の努力で手にすることはできません。
何年も努力を続けていくことで、やっと獲得できるものなのです。
持続して努力をするには、楽天的な気持ちでいるほうが良いのです。

面倒なことだからこそ、サッサと片づけよう

「面倒くさいから、後でやろう」

これは、先延ばしにするクセがある人のよく口にする言葉です。

面倒なことを先延ばしにすると、それをやることがますます面倒くさくなっていきます。

今日やらなければならない面倒な仕事を「明日やればいい」と先延ばしにしても、明日になればその仕事はさらに面倒くさくなって、心に重くのしかかってきます。

そして、さらに翌日へ先延ばしにしてしまうケースも珍しくはありません。

そうやってグズグズして立ち止まっているうちに、周りの人たちにどんどん先を越されてしまいます。

面倒なことほど早く片づけて、スッキリした気持ちになって、重要なことに精神を集中しましょう。

そのような人にだけ、素敵な出会いがやってくるのです。

自分の提案に賛同してくれる人を大切に

たくさんの人と協力する現場では、何かを提案したとき、必ず反対する人が出てくるものです。

どんなに良い提案だったとしても、自分一人で物事を決めていくことはできません。

しかし、自分の意見に反対する人に意識を奪われると、自信喪失したり、その人に対して「許せない」といった言葉が頭に思い浮かんできてしまうものです。

もちろん、その反対意見が的を射ていたなら、参考にして、自分の提案を改善していく必要もあるでしょう。

しかし、反対意見ばかりに、必要以上に意識を奪われることはありません。

賛同してくれた人や、好意的な意見を表明してくれた人の意見に着目し、「あの人が私の提案に賛成してくれたから、自信を持てた」と考えましょう。

その自信をバネにして、さらに意欲を高めていくことで、よりやる気がわいてくるのです。

ほめられ下手より、
ほめられ上手

「人からほめられたときは、素直に喜ぶ」

これは、幸せになるためのコツです。

しかしながら、素直になれず、

「お世辞でそんなことをいっているんですか？　本心では全然そんなことを思っていないくせに」

などと考えてしまう人がいます。


人を疑う必要はありません。

そんな考え方をしていると、自分という人間がどんどん小さくなっていきます。

「ありがとうございます」とお礼をいって、素直に喜ぶほうが賢明です。

ほめてもらったことを自信にして、さらに大きく飛躍できるのです。


ほめられ下手は、幸せから遠のきます。

ほめられ上手が、幸せに近づいていけるのです。

「こんなことで終わる人間ではない」と自分を信じる

一回の失敗で、そこから立ち上がれないまま終わってしまう人もいます。

失敗しても何度でも立ち上がって、大活躍できる人もいます。

この両者の違いは、どこにあるのでしょうか？

失敗で終わってしまう人は、悲惨な経験をしたときに、

「私にはもう将来がない。すべて終わりだ」

と考えてしまいがちです。

しかし、失敗しても再起できる人は違います。

「私は、こんなことで終わる人間ではない」

と自分にいい聞かせて、自分を信じているのです。

人生は、七転び八起きです。

自分を信じることさえできれば、何回失敗して転んでも起き上がることができるのです。

「疲れた」という言葉は口にしない

「ああ、今日も疲れた」

忙しい仕事を終えて自宅へ帰ってから、こんな言葉を口にしていませんか。

きっと、精神的にも肉体的にもクタクタの状態だと思います。

しかし、「疲れた」という言葉を口にしても、「明日もがんばろう」という意欲はわいてきません。

むしろ、「明日も大変な仕事が待っている。ああ嫌だ、会社に行きたくない」という、うんざりした気持ちになってくるのではないでしょうか。

一日の仕事を終えて帰宅したときには、

「私は今日もよくがんばった」

と、がんばった自分をほめてあげるような言葉を使うことが大切です。

そうすることで、たとえ疲れていても、気持ちの良い疲労感になります。

食事もおいしく食べられ、家族との団らんも楽しいものになり、お風呂にもゆったりとした気持ちで入れます。

そして、「明日もがんばろう」という意欲が生まれるのです。

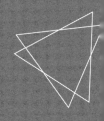

Chapter 4

眠る前の１分間で、
自分の魅力を高める

「人の喜ぶ顔を見ること」を目的に働こう

「あなたは、何のために今の仕事をしているのですか」

こう問われて、「お金のため」「他にやりたい仕事がないから」と答える人がいます。

そんな人の元には、残念ながら素敵な出会いはやってきません。

働くことの本当の目的を、もう一度考えてみてください。

「お金のため」でも「他にやりたい仕事がないから」でもなく、「人の喜ぶ顔を見ること」と考えると、心が前向きになってきます。

良い仕事をすればするほど、お客さんや取引先の喜ぶ顔を見ることができるでしょう。

それこそが、本当の働く目的なのです。

このことがわかっていたら、「今より良い仕事をして、人や世の中にもっと貢献したい」という意欲も高まっていきます。

その意欲が、素敵な出会いに結びつくのです。

「融和」をキーワードに生きていく

「人生は闘いだ。人を打ち負かす人間が成功をつかむのだ」

という人がいます。とにかく周りの人たちに打ち勝ってこそ、成功が手にできると考えているのです。

短期間なら、そのような強引なやり方で勝てるかもしれません。

しかし、その成功は長続きしません。

このタイプの人は人望を得られず、結局は孤立してしまうでしょう。

「人生とは融和だ。人と仲良くやっていける人間が成功する」

このように、融和という言葉をキーワードにして、生きていくことを目指すことが大切です。

無闇に他人と争うのではなく、周りの人たちとよく話し合い、お互いに納得できる一致点を見つけ出す努力をしていくのです。

融和を大切にしていく人は、多くの人たちから信頼されて、たくさんの人たちに支えられ、数多くの良い出会いと巡り合えるのです。

クレームには「ありがとう」

お客さんや取引先からクレームをつけられることがあります。
感情的には、もちろん嬉しいことではありません。

しかし、クレームを「お客さんのわがまま」や「やっかいなこと」と考えてしまってはいけません。
クレームには、自分たちが提供している商品やサービスをより良いものにする「ヒント」が秘められているのです。

そんな貴重な情報をもたらしてくれるのですから、クレームをつけてくれた人に対して、「ありがたいことを教えてもらった」と考えたほうが得策です。

クレームには、前向きに誠心誠意対応するのです。
そうすることで、より心が安定します。

このような前向きな気持ちを持つ人が、やがてチャンスをつかむのです。

親しき仲にも「礼儀ある言葉」を使う気配り

「親しき仲にも礼儀あり」という格言があります。

「ふだん親しく付き合っている相手であっても、最低限の礼儀は守らなくてはならない」という意味です。

親しいからという理由で礼儀を忘れてしまうような人は、周りから魅力ある人と思われません。

たとえば、職場の同僚が忙しい仕事に追われて、他人の話に付き合っていられない状況なのに、無理矢理にこちらの話をしようとすれば、同僚は不愉快に思うことでしょう。

親しい相手に対しても礼儀を忘れない人は、非常に魅力的です。

仲の良い同僚に対しても、「今、ちょっと時間ありますか」という言葉をかける礼儀が大切です。

こういった気配りが、周りの人たちから好感を持たれる秘訣なのです。

相手に寄り添う態度を、しっかり言葉で伝えよう

人が何か問題を起こしたとき、「がんばってください」というのは、よく使われる励ましの言葉ですが、まったく励ましにならない場合もあります。

「あなたが引き起こしたトラブルなんだから、あなた一人の力で解決してください。私には関係ありません」といった意味になってしまう場合です。

本当に相手を励ましたいのであれば、

「私にできることがあれば、どんなことでも力になりますからいってください」

という言葉をかけてあげましょう。

「私が力になります」という言葉は、「親身になって私のことを考えてくれている」という印象を相手に与えます。

ですから、この言葉のほうが相手にとってはずっと嬉しいのです。

寄り添う態度を言葉で示すことができれば、相手から好感を持たれます。

そんなことができる人には、かならず素敵な出会いが待っているのです。

つらいときこそ、慰めてもらうより、誰かを慰める

つらい経験をして落ち込んでいるとき、身近な人に慰めてもらえたら、心が明るくなります。

しかし、そんな境遇に気付いて、慰めてくれる人がいないこともありえます。

そんなとき、身近にいる人に八つ当たりしてしまうこともあるでしょう。

しかし、誰かに感情をぶつけても、その気持ちを解消することはできません。

むしろ、イライラやムカムカとした感情が新たに加わっていくだけです。

皆それぞれ忙しいのですから、自分を慰めてくれる人の登場を期待していても、そううまくはいきません。

ここで一つ、提案があります。

落ち込んでいるときこそ、同じように落ち込んでいる人を見つけて、その人を慰めて、励ますのです。

人は不思議なもので、誰かを励ますことによって、実は自分自身が元気になっていくのです。

自分のほうから先に
相手をほめよう

人からほめられることには、とても良い効果があります。
自分に自信を持つことができ、より前向きに生きていけるようになり、どんどん素敵な出会いに恵まれるようになるのです。

では、周りの人たちからほめてもらうには、どうすれば良いでしょうか。

それは、自分のほうから先に相手をほめるのです。
人をほめれば、かならずその相手も自分をほめてくれます。

「とっても良いセンスを持っていますね」
「あなたの才能って、素晴らしいですよ」

このようにほめることで相手は喜んで、次はこちらの良いところもほめてくれます。
そうやってほめ合うことで、お互いに前向きに生きていけるようになります。

「ありがとう」が素敵な出会いを呼び込む

もっとも美しい日本語は何かといえば、「ありがとうございます」という、人に感謝する言葉ではないでしょうか。

日常生活の中で、「ありがとう」という言葉をたくさん使っている人は、とても美しく魅力的に感じられます。

いつも優しい表情をしているように感じられます。

性格的にもすばらしい人なのだろう、という印象を周りに与えられます。

一方で、人への文句ばかり口にする人がいます。

また、誰かの陰口ばかりいっている人もいます。

そんな人には、あまり魅力を感じられません。

「ありがとうございます。いつもあなたに感謝しています」

これが自分自身の魅力を高め、素敵な出会いを呼び込む言葉なのです。

Chapter 5

眠る前の１分間で、ためらわないで行動する

挑戦するときは「うまくいく理由」を探そう

何か難しいことにチャレンジするとき、最初に「うまくいかない理由」を頭の中であれこれ考えてしまう人がいます。

しかし、そもそも困難なことに挑戦するのですから、「うまくいかない理由」を考えだしたら、次から次へと出てくるものなのです。

それに、誰にでも簡単にできるようなことを達成したからといって、大きな満足を得ることはありません。

では、どのような意識を持ってチャレンジしていけばいいのでしょうか？

「うまくいかない理由」を数え上げるのではなく、「うまくいく理由」について考えるのです。

知恵を絞れば、「うまくいく理由」は見つかります。

「うまくいく理由」が見つかれば、自信を持てます。

これが、出会いに恵まれる人の考え方なのです。

自分の「夢見る力」を信じよう

アメリカのアニメ作家で、ディズニー社の創業者でもある実業家のウォルト・ディズニーは、こう述べています。

「たとえ現実的には無力であっても、誰からも注目されなくても、お金がなくても、『夢見る力』さえあれば、大成功をおさめることができる」と。


夢を途中であきらめてしまう人がよく口にするのは、

「まったく無力の私に成功できるはずがない」

という言葉です。


しかし、夢を叶える人は違います。

「無力であっても、夢見る力さえあれば、成功できる」

と考えるのです。


夢見る力さえあれば、「無力である」「注目されていない」「お金がない」という現実を打ち破ることができるのです。

夢をイメージするときは、できるだけ具体的に

夢や願望といったものは、できるだけ「達成後の具体的なイメージ」を心に思い描くほうが、それを叶えたい意欲が増します。

エネルギッシュな行動力が生み出され、その結果、夢を叶えられる可能性が高まるのです。

ただ、「成功して、お金持ちになりたい」ではモチベーションが上がらず、行動にも結び付きません。

「お金持ちになったあかつきには、福祉団体を立ち上げて、儲けたお金を恵まれない人や、世の中のために役立てたい」などと、できる限り達成後の具体的なイメージを持つことが大切なのです。

実際に、福祉団体の立ち上げのために、どのような準備をしなければならないか、調査を始めるのも効果的です。

そうすることで、イメージがより具体化され、「〜したい」という夢や願望の言葉が自分自身の心に強く定着し、意欲と行動力がいっそう強まるのです。

「雨の後には虹が出る」と考えよう

何か悪いことがあると、人はつい、

「この先も、私の人生には悪いことばかり起こるに違いない」

と考えがちです。


しかし、楽天的な人は違います。

「今日は最悪の日だったから、明日はきっと良い日になるだろう」

と考えるのです。


雨上がりの空には、よく虹がかかります。

人生も、そのようなものなのです。

どんなにつらいこと、苦しいこと、悲しいことがあっても、そういう時期はいつか過ぎ去っていきます。

やがて、まさに虹のような美しい、晴れ晴れとした希望がかかるときがやってくるのです。

楽天的な人は、不幸な時間は永遠には続かないことを知っているので、悲観的になることはありません。

ですから、やがて訪れる幸福を心の支えにしながら、現在の不幸を耐え抜いていくのです。

「明けない夜はない」という格言もあります。

「夜」は、「不幸な時間」を意味していて、「今感じている不幸も、永遠には続かない。やがて明るい希望に満ちた朝がかならずやってくる」ということなのです。

「お先真っ暗だ」といった言葉を口にする人がいますが、そんなことはありません。先には絶対に、幸せいっぱいの明るい光が待っているのです。

出会いを引き寄せるのは、強いハングリー精神

強いハングリー精神が、出会いを呼び込むことがあります。

お笑い芸人として成功している人たちには、三つの共通点があるといいます。

「生まれ育った家が貧乏である」
「学歴が低い」
「若い頃、異性にもてなかった」

これだけ聞くと、まるで失敗する条件を挙げているように思われますが、悪い条件ばかりを気にして、意欲を失ってしまうような人の元には、チャンスはやってきません。

「貧乏な家に生まれて、みんなよりスタートラインが後ろだからこそ、努力でカバーしてやる」

こんなハングリー精神にあふれた言葉で、自分自身をふるい立たせることができる人の元にだけ、素敵な出会いがやってくるのです。

自信のない言葉は口にしない

自信を持つこと、また自信に満ちあふれた言葉を使うように心がけましょう。

自信のない言葉ばかり口にしていたら、素敵な出会いから遠ざかっていくばかりです。

アメリカの大統領だったジョン・F・ケネディは、大統領に就任したとき、「人類を月に送る」と宣言しました。

しかし、この時点では、月に宇宙飛行士を送るというアポロ計画が成功するメドなど、まったくなかったそうです。

それにもかかわらず、ケネディは自信を持って宣言しました。

その自信のこもった言葉に、周りの人たちも影響を受け、「必ず成功するに違いない」と一生懸命に努力しました。

そして、ついにアポロ計画は成功したのです。

「自信に満ちあふれた言葉」は、自分はもちろん、周りの人たちの意欲も高めるという効果があります。

不安に思う心を捨て去って、ただ前に進もう

良い結果が出るか、悪い結果が出るかは、最後までがんばってみなければわかりません。

しかし、途中で、「結果がわからなくて、すごく不安だ」という言葉を口にする人がいます。

「不安」という言葉を口にすることは、良いことではありません。

今やるべきことに集中できなくなり、がんばっていく意欲を失うことになりがちだからです。

たとえ不安に思ったとしても、口に出さないことが大切なのです。

「どういう結果が出るにしても、私は前に向かって進んでいくしかない」

このように自分に言い聞かせてください。

人生に「絶対」と断言できることなどありません。

それでも「絶対に成功するはずだ」と強く信じて、前に向かって人生を切り開いていく人のもとに、幸運が訪れるのです。

Chapter 6

眠る前の１分間で、幸運に出会う

良い予言をすると、そのとおりの人生が実現する

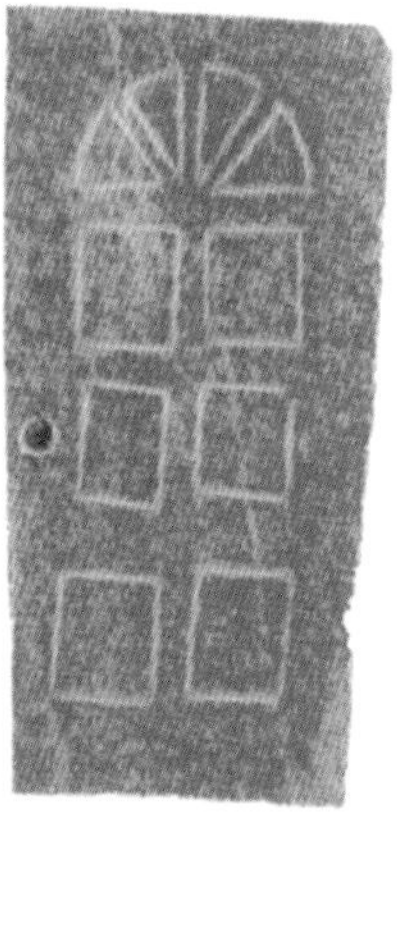

心に抱いている願望を、信頼できる友人や家族に「宣言」することは、とても良い効果をもたらします。

そうすることでモチベーションが高まり、より積極的に行動するようになるという心理傾向があるからです。

ただし、これは悪い方向にも働きます。

ネガティブなことばかりを口にすると、自分で自分の心を落ち込ませてしまい、悪い出会いを招いてしまうのです。

大切なことは、自分の人生に対して「良い予言」をすることです。

すると、その予言どおりのすばらしい人生が実現していきます。

いつも良い予言をするためにも、自分の未来にもっと自信を持ち、明るい希望を持って生きていくことが大切です。

そうすれば、自然に良い予言が口から出てきて、自分を良い方向へ導いてくれます。

チャンスを自分から拒まない

「私には無理です」

「私にはできません」

こういう言葉で、せっかくのチャンスを自分から拒んでしまう人がいます。

「もし失敗したら、どうしよう。失敗するときのことを考えると怖い」

こんな思いが働いているのでしょう。そして、

「失敗するくらいなら、はじめから何もしないほうが良い」

と考えてしまうのです。


しかし、失敗を怖れてチャンスを自分から捨て去るようなことをしていたら、いつまでたっても満足のいく人生をつかむことはできません。

人から与えられるチャンスには、積極的に応じることです。

「ぜひ私にやらせてください。一生懸命努力します。よろしくお願いします」

与えられたチャンスは、このような肯定的な言葉で受け入れるように心がけると、かならず幸運が巡ってきます。

苦手なことでも、チャレンジすれば良いことが起こる

人は、苦手意識を感じているものに対して、どうしても積極的な気持ちにはなれません。

しかし、苦手でもやらなければならないことは数多くあります。

その度に、「苦手だからやりたくない」と口にしていたら、社内で信頼を得られません。

販売の世界で成功している人には、もともと「人としゃべることが苦手だった」という人が多いといいます。

苦手意識があったにもかかわらず、前向きなチャレンジ精神で苦手意識を克服していったのです。

苦手なことであっても、ポジティブにとらえると、良いことがかならず起こります。

「これは、自分の可能性を広げる大きなチャンスになるかもしれない」

という言葉を自分に言い聞かせて、前向きに取り組んでいきましょう。

チャレンジを続けて、想定外の追い風を吹かせよう

太平洋に浮かぶハワイ島と言えば、日本でももちろんのこと、世界中で有名な観光地です。

しかし、昔は、観光客などあまり来ない島でした。

当時、あるホテルの経営者がハワイ島へやって来ました。

彼はハワイ島の美しい自然に感動し、同行していた重役たちに、「ぜひこの島にホテルを建設しよう」と提案しました。

すると、重役たちは、

「この島はたしかに美しいですが、観光客が少ないので、ホテルを建てても赤字になります」

と言って反対しました。

それに対して経営者は、

「美しい島だからこそ、これから観光客がたくさんやって来るに違いない」

と主張しました。

結局、重役たちの反対を押し切ってホテルを建設した結果、ハワイ島の美しい自然に惹かれて多くの観光客が押し寄せるようになり、そのホテル経営者は、さらなる成功を手にすることができました。

この話に登場する重役たちのように、「～だが、～なのでうまくいかない」という言い方をする人がいます。

すばらしいメリットがあっても、他の様々なデメリットを挙げて、後ろ向きな意見をいってしまうのです。

しかし、すばらしいメリットがあるのならば、その力を信じてチャレンジしていくことで、想定外の追い風が吹くものなのです。

待つだけでは幸運に出会えない

「私は運から見放されている。すごい才能があるというのに、その才能を生かすチャンスに恵まれない」

といった言葉を口にする人がいます。

たしかに、才能がありながら、その才能を生かすチャンスに恵まれないということは、本人にすれば悔しいことだと思います。

しかし、悔しがってばかりいても、人生は好転しません。

誰かからもらえるかもしれないチャンスを待っているのではなく、自分のほうから、「こんな仕事をやらせてください」と、どんどん積極的に働きかけていくのです。

ただ待っているだけでは、幸運には巡り合えません。

自分のほうから積極的にチャンスをつかみ取りに行く人のところに、良い出会いがやってくるのです。

自分が運に恵まれていることを信じよう

現在のパナソニックの創業者である松下幸之助氏は、戦争中、瀬戸内海を連絡船で渡っているとき、敵の攻撃を受けました。

乗っていた船は沈没したものの、たまたま他の船が通りかかって、彼は無事に救助されたそうです。

多くの人は、こんな経験をしたら、「乗っていた船が沈没するなんて、私は運が悪い」と思うことでしょう。

しかし、松下氏は違いました。

「乗っていた船が沈没したというのに、他の船が偶然近くにいたから救助してもらえた。私はなんて幸運なんだろう」

このように、自分の運を信じていける人間の所に、幸運は舞い込むのです。

どんなに悪い経験をしたとしても、その中からラッキーな点を見つけ出し、「私は幸運だ」と信じてみましょう。

何回失敗しても、落ち込む必要はまったくない

何かを成し遂げようとすれば、その過程で失敗はつきものです。

しかも、何度も何度も失敗を繰り返してしまうこともあります。

そのようなとき、

「また失敗だ。いつになったらうまくいくんだ？　もうあきらめようか……」

と考えてしまう人もいるでしょう。

しかし、あきらめた瞬間が、本当の失敗なのです。


成功する人は、失敗を繰り返したとしても、

「失敗するたびに、着実に私は成功に近づいている」

と考えることができます。


「失敗は成功のもと」ということわざもありますが、まさにその通りなのです。

失敗しても落ち込む必要なんてありません。

もっと楽天的に考えて良いのです。

「解決できない問題はない」と信じよう

「どうしても解決できない」と思えてくる問題にぶつかることがあります。

そのようなときには、

「神様は、その人に解決できないような問題を与えることはない。私にも絶対に、この問題を解決できるはずだ」

と口にしてみましょう。

これは、人の心を楽天的にしてくれる言葉です。

コツコツとがんばっていけば、かならずどこかに解決の糸口が見つかるのです。

そのことを知っていれば、必要以上に不安になったり、悲観的な気持ちにならずにすみます。

そして、楽な気持ちで、「そのうち、どうにかなるだろう」と考えることができるようになります。

困難な問題に直面したとき、大切なことは、必要以上に深く思い悩まないことです。

人生はすべて、その人の考え方次第

ドイツの格言に、「泣いて暮らすのも一生、笑って暮らすのも一生」というものがあります。

このことわざは、「泣いて暮らすのも、笑って暮らすのも、すべてその人次第だ」という意味です。

「生きることはつらくて苦しい」と考えていては、人生を前向きに楽しく生きていくことはできないでしょう。

「生きることはつらくて苦しいけれど、笑って生きていこう」

これが人生を楽しんでいる人の考え方です。

つまらないミスをして落ち込んだときも、「よくあることじゃないか。考え込むことなんかない」と、笑って気持ちを切り替えましょう。

笑うことで、気持ちが前向きになります。

そんな笑いの効用を、幸せな人はよく知っているのです。

Chapter 7

眠る前の１分間で、
存在感を発揮する

常識にとらわれないと、毎日が変わり始める

常識の範囲内でしか物事を考えられない人は、良い出会いにもなかなか恵まれません。

こんな人は、必ずしも平凡なアイディアしか発想できないのではありません。

ときには、ユニークなアイディアを思いつくこともあります。

しかし、そこで、

「このアイディアは非常識かな。提案するのはやめておこう」

と思い直してしまい、そのために常識の枠からいつまでも飛び出すことができません。

「常識」という言葉よりも、「面白いことができそうだ」という思いを優先して生きてみましょう。

それだけで、毎日が変わり始めます。

常識を大切にすることが大切な場合もありますが、「これは面白いことになる」と思ったときは、勇気を出して行動することも重要なのです。

「やってられない仕事」が、心を強くする

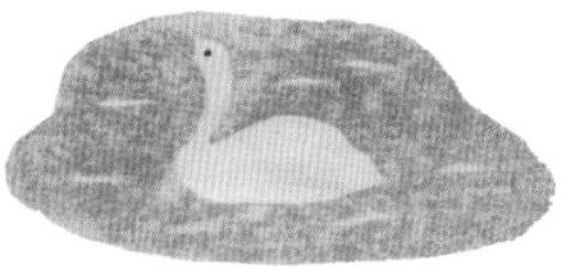

「こんなくだらない仕事、やってられない」
と口にする人がいます。

いわばボヤキやグチです。

仕事で雑用ばかりやらされているのかもしれません。

しかし、どのような事情があるにせよ、自分に与えられた仕事を「くだらない」といったり、「やってられない」などと投げやりな態度を示すことは、決して良いことではありません。

グチをいいたいときでも、前向きな気持ちを持つことが大切なのです。

「この仕事が、私の忍耐力を鍛えるトレーニングになる。強い忍耐力を持つことは、この先、重要な仕事を任されたときに大いに役立つはず」

このように自分に言い聞かせることによって、どんな仕事であっても、積極的に取り組んでいけるようになります。

前向きな言葉で自分を元気づけ、イキイキと働いている人に、大きなチャンスは巡ってくるものなのです。

「私がいなくなったら大勢が困る」と信じる

心理学に「自己効力感」という言葉があります。

「私には強い影響力があって、非常に重要な役割を担っている」という意識のことです。


成功を夢見ながら、なかなか実現できない人は、自己効力感が弱いのです。

小さな失敗をして叱られたり、周りの人たちに迷惑をかけて落ち込むようなことがあると、「どうせ私なんて、ここにいてもいなくてもいい存在だ」と心の中で思い浮かべてしまいがちです。


一方、夢をかなえる人の多くは、強い自己効力感を持っています。

たとえ叱られたり、誰かに迷惑をかけても、決して自分を「いてもいなくてもいい存在」とは考えません。

自分の失敗については真剣に反省しながらも、いつまでも引きずったりせず、すぐに元気を取り戻して、溌剌《はつらつ》とした態度で再び取り組みます。

強い自己効力感を持つことが、夢をかなえるコツなのです。

忙しいときほど、気持ちを落ち着かせよう

仕事をしているときに、「ああ、忙しい、忙しい」という言葉が口グセになっている人がいますが、これは良い影響をもたらしません。

「忙しい」という言葉によって、自分自身の気持ちが一層慌ただしいものになってしまうからです。

しかも、周りにいる人たちの気持ちまで慌ただしくしてしまうのです。

そのために、職場全体の雰囲気が悪くなります。

忙しいときこそ、自分の気持ちを平静にする言葉が大切になります。

「忙しいから、慌てず騒がず落ち着いていこう」

気持ちが落ち着けば集中力が生まれ、仕事は早く片づき、つまらないミスも少なくなります。

また、「落ち着いていこう」という言葉が、周りの人たちの精神状態を良くすることにも役立ちます。

その結果、職場の雰囲気も良くなるので、みんな気持ち良く働けるようになります。

自分の能力の限界を
自分で決めない

相手に不信感を与えるような言葉を使う人には、出会いのチャンスがなかなかおとずれません。

たとえば、上司や取引先から仕事を頼まれたときに、「できないかもしれませんが、できる範囲でやっておきます」という人がいます。

これは、相手にとってあまり印象の良い言葉ではありません。

「もし仕事がうまくいかなかったときは、『私の能力を超えていました』と言い訳して、責任逃れをするつもりではないのか」と疑われかねないのです。

「全力を尽くして、精一杯がんばります」

これで良いのです。

自分で自分の能力に限界を作る必要なんてありません。

とにかく「自分が持っている能力をすべて出し切る」と相手に伝えることが大切です。

そういう言葉に、相手は信頼感を覚えるのです。

プラスアルファをできる人になろう

頼まれたことにプラスアルファができる人は、評価が高まり、信頼もされます。

もちろん、頼まれたことをちゃんとやる姿勢は大切です。

なかには、頼まれても最後までやらない人もいますから、そんな人に比べればずっとマシでしょう。

しかし、頼まれたことをちゃんとやったからといって、それで評価が高まるわけではありません。

それは当たり前のことなのです。

当たり前のことをやったからといって、特別な評価をもらえるわけではありません。

「いわれたことはちゃんとやりましたが、こうするほうがさらに良いと思いまして、プラスアルファをしておきました」

このようにいえることは何かを考えて、行動にうつしましょう。

「〜しかない」思考から脱却する

「会議まで、あと一日しかない。どうしよう。このままでは上司や同僚を納得させる企画をまとめ上げることができない」

このような悲観的な考え方は、自分の気持ちを落ち込ませるばかりです。

その結果、集中力を失ってしまい、企画書は未完成のまま終わってしまいます。

「会議まで、あと一日もある。ここで一踏ん張りすれば、上司や同僚を納得させる企画をまとめ上げることができるはずだ」

と考えましょう。

どんな切羽詰まった状況に立たされても、「〜もある」という言葉で自分を励ませると、良い結果につながります。

「予算が○○円しかない。これでは足りない」

ではなく、

「予算が○○円もある。これくらいの金額でも、工夫すればいくらでも面白いことができる」

このように、ポジティブな言葉を常に心がけることが大切です。

「明るい言葉」が、人生を明るくする

明るい言葉をいつも使うことで、幸福感に満ちあふれた人生を実現できます。

昔、ある男が、沢庵という禅僧の元を訪ねて、「人にとっての幸せな生き方とは、どのようなものでしょうか」と質問しました。

すると沢庵は、その人を、ある貧しい生活をしている家へ連れて行きました。

その家の人たちは暗い顔をしながら、「まずいご飯だ」「仕事で疲れた」「面白いことが何一つ起こらない」といった言葉をぼやきながら、食事をしていました。

さらに、沢庵は、その男を別の家に連れて行きました。

その家も貧しかったのですが、「おいしいね」「仕事は大変だけど、気持ちの良い疲労感だね」「今日は楽しいことがたくさんあった。明日も楽しいことがあるといいね」と言い合って、明るく笑いながら食事をしていました。

沢庵は、「どのような状況に置かれても、明るい気持ちを持ち、明るい言葉を口にしていくことが、幸せに生きるコツだ」と教えたかったのでしょう。

心を楽にする言葉をいつも思い浮かべよう

「病は気から」ということわざがあります。

「心配事や不安、怒りといったネガティブな感情をいつまでも引きずっていると、それがストレスになって体調を崩すことも多い」という意味です。

ですので、「心配だ」「不安だ」「イライラする」「頭にくる」といったネガティブな言葉が、心の中を占めてしまわないように心がけてください。

沖縄の方言に、「なんくるないさ」という言葉があります。

これは「なんとかなるさ」という意味で、沖縄では日常的にこの言葉を使います。そのためなのか、沖縄の人は楽天的な人が多く、元気で長生きの大切な要因になっているのではないかと思います。

「だいじょうぶ」「なんとかなる」「何てことはない」

このような、心を楽にする言葉をいつも思い浮かべておくことが、健康的に元気に生きていくコツなのです。

動いていれば
不安は感じない

いざやろうと思っても、なかなか行動できない人は、「悪い結果が出るのが怖い」という不安を持っています。

この不安が心の中をグルグル回り始めると、どうしても強い行動力を発揮できなくなるのです。

では、行動力のある人には、そのような不安や恐怖がまったくないかといえば、必ずしもそうではありません。

結果への不安は、誰もが持っています。

しかし、行動力のある人は、そのような気持ちをかなぐり捨て、とにかく前へ一歩踏み出すことを優先します。

人は、無我夢中になって動き回っているときは、不安も恐怖も感じないのです。

行動を開始せず、ジッとしながら考え込んでいるから、不安や恐怖が大きくなっていくのです。

とにかく一歩踏み出して、行動を開始しましょう。

植西 聰 うえにし・あきら

東京都出身。著述家。学習院大学卒業後、資生堂に勤務。独立後、人生論の研究に従事。独自の『成心学』理論を確立し、人々を明るく元気づける著述活動を開始。1995年、「産業カウンセラー」(労働大臣認定資格)を取得。
主な著書に『「折れない心」をつくるたった1つの習慣』(青春出版社)、『平常心のコツ―「乱れた心」を整える93の言葉』(自由国民社)、『心の疲れをとるコツ』(小社)。
近著に『好きなひとに愛される心理学』(興陽館)、『自己肯定感のコツ』(青春出版社)など。

新装版
眠る前に1分間ください。
明日、かならず「素敵な出会い」が待っています。

2021年11月18日　第1版第1刷発行

著　者　植西 聰
発行所　WAVE出版
　　〒102-0074 東京都千代田区九段南3-9-12
　　TEL 03-3261-3713　FAX 03-3261-3823
　　振替 00100-7-366376
　　E-mail:info@wave-publishers.co.jp
　　https://www.wave-publishers.co.jp

装　幀　オオモリサチエ(and paper)
装　画　沙羅

印刷・製本　シナノパブリッシングプレス

NDC159　143p　17cm　ISBN978-4-86621-384-2